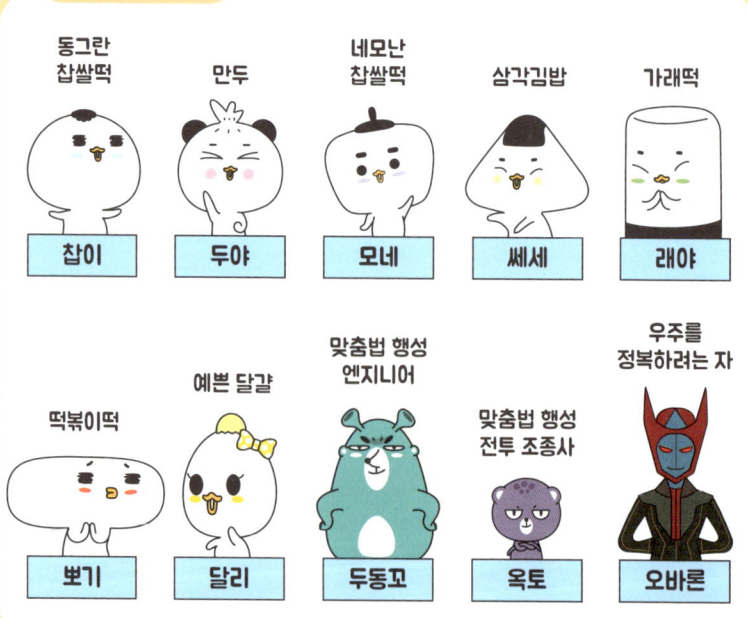

읽으면서 바로 써먹는
어린이 맞춤법 행성

글·그림 한날

파란정원

작가의 말

　얼마 전, 한 예능 프로그램에서 유명 연예인들이 나와 신조어와 줄임말 퀴즈를 맞히는 장면을 본 적이 있습니다. 정말 기상천외한 단어들이 나와 깜짝 놀랐지요.

　"우아~, 저 단어가 저런 뜻을 가지고 있었다고?"

　"하하하. 정말 재미있는 단어를 만들었구나."

　그렇게 한참 동안 재미있게 방송을 보다가 어느 순간, 재미보다는 두려운 생각이 마음 한구석에 자리 잡기 시작했습니다. 물론 때에 따라선 새로운 단어나 쓰기 편한 줄임말이 필요할 때도 있습니다.

　하지만 무분별하게 만들어지고 사용되고 있는 신조어들을 보면서 우리는 한글을 제대로 알고 잘 사용하고 있는가에 대한 생각으로 머릿속이 복잡해졌지요. 사실 이런 고민을 한 것이 처음은 아니었습니다. 몇 년 전 《읽으면서 바로 써먹는 어린이 맞춤법》도 이런 고민에서 시작되었으니까요.

이것을 계기로 《읽으면서 바로 써먹는 어린이 맞춤법》에 담지 못했던 또 다른 다양한 맞춤법을 담아 한글 맞춤법 두 번째 이야기 《읽으면서 바로 써먹는 어린이 맞춤법 행성》을 그리게 되었습니다.

　이번 이야기에서는 달리가 우연히 길에서 주운 외계 행성의 돌 때문에 찹이와 친구들이 20억 광년이나 떨어진 맞춤법 행성으로 모험을 떠나게 됩니다. 그 안에서 만나는 외계 행성의 친구들과 위험천만한 사건들을 겪으며, 올바른 한글 맞춤법을 배우게 되지요.

　이 책을 읽는 모든 친구가 찹이 패밀리와 함께 한글 맞춤법의 올바른 사용법을 알아가는 시간이 되었으면 합니다.

한날

 **차례**

ㄱㄴㄷ

001 가냘프다 vs 갸냘프다 … 22
002 갑자기 vs 갑작이 … 24
003 개의치 않다 vs 개이치 않다 … 26
004 걷히다 vs 거치다 … 28
005 걸음 vs 거름 … 30
006 검은색 vs 검정색 … 32
007 겸연쩍다 vs 겸연적다 … 34
008 규율 vs 규률 … 36
009 그것으로 vs 그걸로 … 38
010 그러므로 vs 그럼으로 … 42
011 그러고 나서 vs 그리고 나서 … 44
012 꼼꼼히 vs 꼼꼼이 … 46
013 나가다 vs 나아가다 … 48
014 낙지 vs 낚지 … 50
015 놀음 vs 노름 … 52
016 다달이 vs 달달이 … 54
017 덮밥 vs 덥밥 … 56
018 뒤꿈치 vs 뒷꿈치 … 58
019 듬뿍 vs 듬북 … 60
020 등굣길 vs 등교길 … 62
021 딱히 vs 딱이 … 66
022 딸꾹대다 vs 딸국대다 … 68
023 똑딱똑딱 vs 똑닥똑닥 … 70
024 뜨이다 vs 띄다 … 72

ㅁㅂㅅ

025 막아 vs 막어 … 74
026 만둣국 vs 만두국 … 76
027 만만찮다 vs 만만잖다 … 78
028 맞히다 vs 마치다 … 80
029 멋쩍다 vs 멋적다 … 82
030 목걸이 vs 목거리 … 86
031 못 하다 vs 못하다 … 88
032 무엇을 vs 뭣을/무얼/뭘 … 90
033 뭉뚱그리다 vs 뭉둥그리다 … 92
034 밋밋하다 vs 민밋하다 … 94
035 반듯이 vs 반드시 … 96
036 반짇고리 vs 반지고리 … 98
037 받치다 vs 바치다 … 100
038 배 속 vs 뱃속 … 102
039 백분율 vs 백분률 … 104
040 번쩍이다 vs 반짝이다 … 106
041 부딪히다 vs 부딪치다 … 108
042 부리나케 vs 불이나게 … 110
043 빨간색 vs 빨강색 … 112
044 살코기 vs 살고기 … 114
045 새삼스레 vs 세삼스레 … 116
046 새침데기 vs 새침떼기 … 120
047 생각건대 vs 생각컨대 … 122
048 섣부르다 vs 설부르다 … 124
049 송곳니 vs 송곳이 … 126
050 수탉 vs 수닭 … 128
051 쑥스럽다 vs 쑥쓰럽다 … 130
052 씁쓸하다 vs 씁슬하다 … 132
053 승낙 vs 승락 … 134

ㅇ

- 054 아니요 vs 아니오 … 136
- 055 안 되다 vs 안되다 … 138
- 056 앉히다 vs 안치다 … 140
- 057 안팎 vs 안밖 … 142
- 058 아름아름 vs 알음알음 … 146
- 059 얇다 vs 얄다 … 148
- 060 어제저녁 vs 엊저녁 … 150
- 061 언덕배기 vs 언덕빼기 … 152
- 062 언짢다 vs 언잖다 … 154
- 063 업신여기다 vs 없이여기다 … 156
- 064 연도 vs 년도 … 158
- 065 오뉴월 vs 오유월 … 160
- 066 오뚝이 vs 오뚜기 … 162
- 067 오시오 vs 오시요 … 164
- 068 웃어른 vs 윗어른 … 166
- 069 이에요(예요) vs 이예요 … 168
- 070 이요 vs 이오 … 170

ㅈㅋㅌㅎ

- 071 접대 vs 접때 … 174
- 072 젓갈 vs 젖갈 … 176
- 073 졌다 vs 젓다 … 178
- 074 졸이다 vs 조리다 … 180
- 075 주의 vs 주위 … 182
- 076 지그시 vs 지긋이 … 184
- 077 짓이기다 vs 진니기다 … 186
- 078 켕기다 vs 캥기다 … 188
- 079 코빼기 vs 콧배기 … 190
- 080 틈틈이 vs 틈틈히 … 192
- 081 하느라고 vs 하노라고 … 196
- 082 할퀴다 vs 할키다 … 198
- 083 할걸(게) vs 할껄(께) … 200
- 084 해돋이 vs 해도지 … 202
- 085 햇수 vs 해수 … 204
- 086 확률 vs 확율 … 206
- 087 횟집 vs 회집 … 208

기타 부호

- 088 7월 25일 vs 7. 25. … 212
- 089 3.1 운동 vs 3·1 운동 … 214
- 090 100:0 vs 100 대 0 … 216
- 091 느낌표(!) vs 물음표(?) … 218
- 092 큰따옴표(" ") vs 작은따옴표(' ') … 220
- 093 마침표(.) vs 쉼표(,) … 222
- 094 줄임표(……) vs 줄임표(…) … 224

한글의 자음과 모음

자음 14자 ㄱ ㄴ ㄷ ㄹ ㅁ ㅂ ㅅ ㅇ ㅈ ㅊ ㅋ ㅌ ㅍ ㅎ

모음 10자 ㅏ ㅑ ㅓ ㅕ ㅗ ㅛ ㅜ ㅠ ㅡ ㅣ

외계인 두동꼬

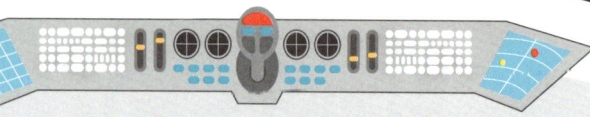

'가냘프다'는 몸이나 팔다리 따위가 몹시 가늘고 연약하다는 뜻이에요. '냘' 때문에 '가'를 '갸'로 헷갈릴 수 있어요. [가냘프다]라고 정확하게 발음해 봐요. 정확한 발음을 익혀 두면 맞춤법이 헷갈리지 않아요.

갑자기 갑작이

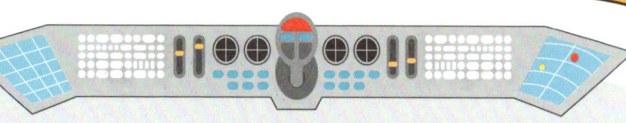

'갑자기'는 무엇을 생각할 틈도 없이 아주 급히라는 뜻이에요. [갑짜기]라고 발음해 '갑작이'라고 쓸 것 같지만, '갑자기' 소리 나는 대로 받침 없이 적으면 된답니다. 헷갈리는 단어는 공책에 직접 써 보는 것도 기억을 돕는 좋은 방법이에요.

003 개의치 않다 VS 개이치 않다

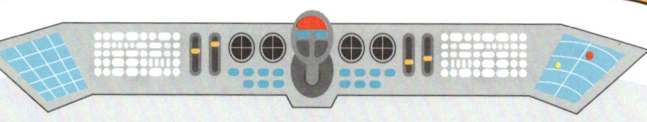

'개의하다[개:의하다]'는 무엇인가에 마음을 주고 신경을 쓴다는 뜻이에요. 보통 '개의치 않다(마라)' 형태로 자주 사용되며, '신경 쓰지 않다'로 바꿔 쓸 수 있어요.

004

걷히다 VS 거치다

'걷히다[거치다]'는 안개, 구름 등이 사라지거나 커튼 등을 말아 올린다는 뜻으로 '안개가 걷히다' 또는 '커튼을 걷다'처럼 사용해요. '거치다[거치다]'는 어떤 장소에 들렀다 가거나 과정 등을 밟았다는 의미로 '편의점을 거쳐 집으로 갔다'처럼 사용하면 되지요.

그럼 이 대왕 달걀도 원래 있던 게 아니었단 말이야?

맞아. 어젯밤에 갑자기 생긴 거라고.

거봐, 내가 아까부터 불안하다고 했지?

우선 여길 나가자.

응! 나가는 문은 저쪽이었어.

오잉? 분명 저기였는데….

문이….

005
걸음 VS 거름

'걸음[거름]'은 사람이나 동물이 발과 다리를 이용해 걷는 것을 말하고, '거름[거름]'은 식물이 잘 자랄 수 있도록 논이나 밭에 주는 영양분이 되는 물질을 말해요. 과거에는 오줌이나 똥을 거름으로 사용하기도 했어요.

006 검은색 VS 검정색

검은 빛깔을 표현하고 싶을 때는 '검정[검정]' 또는 '검은색[거믄색]'이라고 써요. 빨강-빨간색, 노랑-노란색, 파랑-파란색도 같은 형태로 써야 하지요. 하지만 초록-초록색, 보라-보라색, 주황-주황색은 '-색'을 붙여 그대로 쓸 수 있어요.

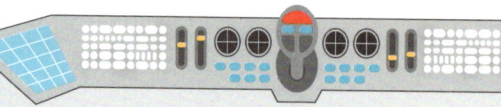

'겸연쩍다[겨면쩍따]'는 쑥스럽거나 미안한 상황 또는 어떤 사람을 대하기 어색하다는 뜻으로 사용해요. 친구와 싸워서 서로 마주하기 어색할 때 사용할 수 있지요. 겸연쩍다고 친구를 멀리하면 더 어색한 사이가 된답니다.

'규율[규율]'은 질서, 제도 등을 유지하기 위해서 지켜야 할 규칙을 말해요. '율'과 '률'이 헷갈릴 때는 앞 글자가 '모음이나 ㄴ받침'으로 끝나면 비율, 운율처럼 '율'로 적어요. '렬과 열'도 같은 방법으로 구분하면 된답니다.

그것으로 vs 그걸로

'그것[그걸]'은 듣는 사람 가까이에 있는 사물이나 앞에서 이야기한 대상을 말해요. 여기에 '-으로'를 붙여 '그것으로' 또는 '그걸로'라고 줄여서 쓸 수 있어요.

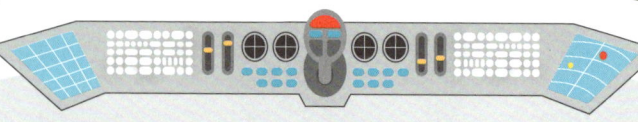

episode 2
맞춤법 행성을 향하여

010 그러므로 VS 그럼으로

'그러므로'는 앞과 뒤의 내용을 이어주는 말로 앞의 내용이 뒷 내용의 이유나 원인이 될 때 사용해요. 발음 [그러므로]를 그대로 적으면 돼요. '그럼으로'라고 적으면 맞춤법에 맞지 않는 잘못된 말이 돼요.

하아~, 이제 우린 어떻게 되는 거지?

하루아침에 우주 미아가 되어 버렸잖아.

글썽 글썽
얘들아, 미안해. 내가 괜히 남의 물건에 욕심을 부려서···.

그래서 우리가 지금 이렇게 된 거잖아.

달리야, 괜찮아. 지나간 일은 어쩔 수 없어.

맞아. 지금은 후회보다는 해결책이 필요해.

그러므로 지금은 힘을 모아 다시 지구로 돌아갈 방법을 찾아야 해!

011

그러고 나서 VS 그리고 나서

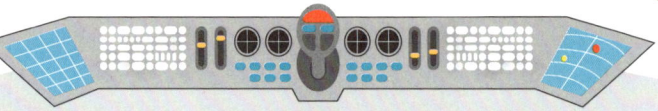

'그리고'는 단어, 문장 등을 '별 그리고 나비'처럼 나란히 연결할 때 사용하고, '그러고'는 '그리하고'를 줄인 말로 그렇게 하다는 뜻으로 쓰여요. '그리고' 뒤에는 '나서' 또는 '-는'을 붙여 쓸 수 없답니다. '그러고 나서, 그리고는'이 맞춤법에 맞는 말이에요.

꼼꼼히 VS 꼼꼼이

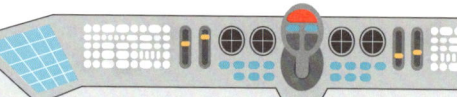

'-이'와 '-히'를 구분하는 방법은 '-하다'를 넣어 말이 되면 '-히'를 붙이고, 말이 되지 않으면 '-이'를 붙여요. 또, 읽었을 때 '이'와 '히'로 모두 소리가 나면 '-히'를, '이'로만 나면 '-이'를 붙여요. 위 규칙에 맞지 않는 것들도 있으니 외워 두면 좋아요.

나가다 VS 나아가다

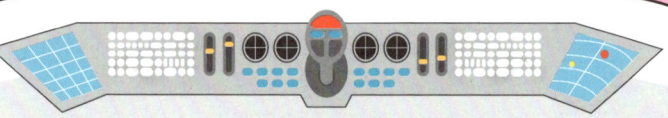

'나가다'는 안에서 밖으로 또는 앞쪽으로 이동하는 것처럼 행동할 때 사용하고, '나아가다'는 목표 등을 향해 앞으로 간다는 뜻으로 사용해요.

014

낙지 vs 낚지

'낙지[낙찌]'는 고기잡이 도구인 '낚시' 때문인지 문어과인 낙지를 '낚지'로 잘못 적는 경우가 많아요. 낙지와 낚시는 전혀 다른 뜻을 가진 말이라는 걸 꼭 기억해 두세요!

놀음 VS 노름

'놀음[노름]'은 여럿이 재미있게 하는 놀이를 말하고, '노름[노름]'은 재물 등을 걸고 하는 내기를 말해요. 친구들과 신나게 뛰어노는 놀음을 노름으로 잘못 쓰면 전혀 다른 뜻이 되어 나쁜 행동으로 오해받을 수 있겠죠?

이 우주선을 운전하는 건 내가 아니라 바로 옥토야.

저렇게 작은데 어떻게?

옥토는 한때 맞춤법 행성에서 제일가는 전투 우주선 조종사였다고.

작아서 불만 있냐?

후후~. 맞춤법 행성의 전투 우주선은 내가 다 조종했었지.

지금은 이런 초라한 우주선이나 조종하는 신세로 전락했지만 말이야.

내 우주선이 초라하다니, 너무해!

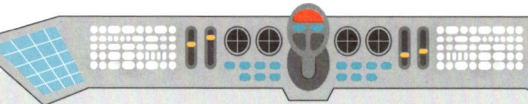

'다달이[다다리]'는 달마다라는 뜻이에요. 그래서 달과 달이 합쳐졌다고 생각해 '달달이'라고 생각할 수 있지만 '다달이'가 맞는 말이에요. 하지만 날마다는 '일일이', 해마다는 '연년이'라고 쓰면 된답니다.

'덮밥[덥빱]'은 반찬이 될 만한 요리를 밥 위에 얹어 먹는 음식을 말해요. 어떤 것을 얹어서 씌운다는 의미를 가진 '덮다'와 '밥'이 합쳐진 말로, '덮'자를 그대로 적어 주어야 그 의미를 정확히 알 수 있답니다.

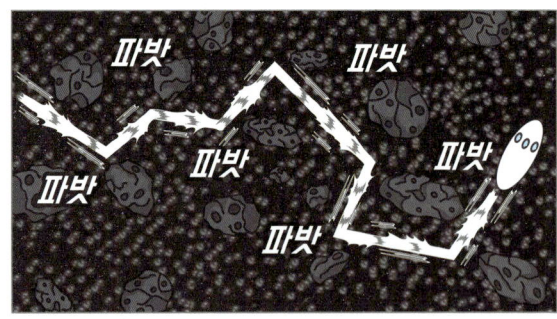

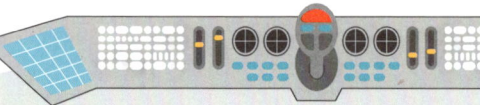

'뒤꿈치[뒤ː꿈치]'는 발의 뒤쪽 발바닥과 발목 사이의 불룩한 부분을 말해요. 발음을 잘못 알고 있으면 '뒷꿈치'와 헷갈릴 수 있어요. 바른 발음으로 말해야 쓸 때도 제대로 쓸 수 있답니다.

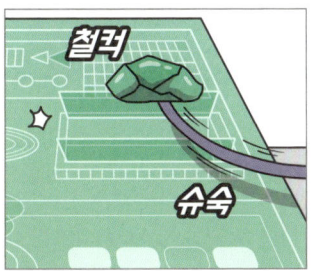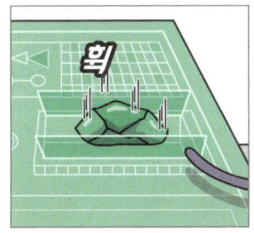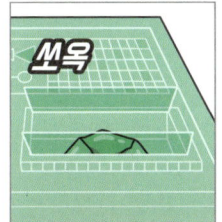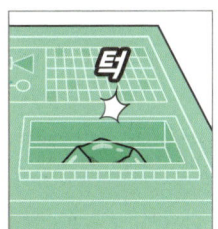

'듬뿍[듬뿍]'은 넘칠 정도로 매우 가득하거나 많이 넉넉한 모양을 말해요. '살짝, 슬쩍, 반짝'과 함께 알아 두면 헷갈리지 않을 수 있을 거예요.

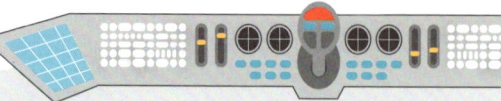

'등굣길[등교낄]'은 등교+길이 합쳐진 말이에요. 길이 [낄]로 발음되어 사이시옷을 넣어 '교'를 '굣'으로 적어야 하지요. 만둣국[만두꾹]이나 고깃국[고기꾹], 하굣길[하교낄]도 같은 이유로 사이시옷을 넣어 적는답니다.

episode 3
폐허가 된 맞춤법 행성

딱히 vs 딱이

'딱히[따키]'는 정확하게 꼭 집어서라는 뜻을 가지고 있어요. '-이, -히' 구분 방법을 사용해 딱에 '이'나 '히'를 넣어 발음해 보면 '히'로만 발음되는 것을 알 수 있어요. 따라서 '딱히'라고 적어야 한답니다.

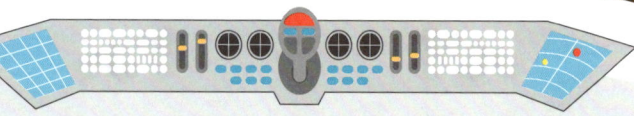

딸꾹대다 VS 딸국대다

'딸꾹대다[딸꾹때다]'는 딸꾹질하는 소리가 자꾸 난다는 뜻이에요. 친구들은 딸꾹질할 때 '딸국딸국' 하나요, '딸꾹딸꾹' 하나요? 맞아요, 딸꾹딸꾹 나도 모르게 소리가 나요.

'똑딱똑딱'에서 '똑딱'처럼 연이어 같거나 비슷한 소리가 나는 말은 'ㄸ'을 같은 글자로 적어요. 쓱싹쓱싹도 그래서 'ㅆ'으로 같게 써야 하지요. 짭짤하다, 싹싹하다 또 어떤 말이 있을까요?

뜨이다 VS 띄다

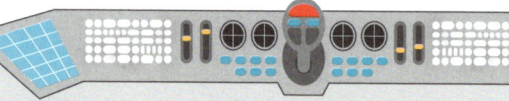

'뜨이다'는 눈에 보이다라는 뜻과 함께 '눈에 뜨이다'처럼 남보다 훨씬 두드러지다라는 뜻으로 자주 사용해요. '띄다'는 뜨이다가 줄어든 말로 모두 맞는 말이에요. '띄우다'의 줄임말도 '띄다'로 같지요.

025

막아 VS 막어

'막다[막따]'는 길, 통로 따위가 통하지 못하게 하다라는 뜻이에요. 이 말을 글로 쓰다 보면 뒤에 오는 말을 '막+아'로 써야 할지 '막+어'로 써야 할지 헷갈릴 때가 있어요. 이때는 앞 글자의 모음을 확인해요. 'ㅏ, ㅑ, ㅗ'일 때는 '-아'로 쓰면 된답니다.

만둣국 VS 만두국

'만둣국[만두꾹]'은 설날 아침 떡국과 함께 먹으면 나이를 한 살 먹는다고 해요. 만둣국은 순우리말인 '만두+국'이 합쳐진 말로, 뒤에 오는 '국'이 [꾹]으로 발음돼 사이시옷을 넣어 '만둣국'이라고 적어요. 고깃국, 북엇국도 그래서 사이시옷을 넣어 써요.

027 만만찮다 vs 만만잖다

'만만찮다[만만찬타]'는 보통이 아니어서 손쉽게 다룰 수 없다는 뜻으로, '만만하지 않다'가 줄어든 말이에요. '-하지 않-'을 줄여 '찮'으로 적었어요. '-지 않-'은 '잖'으로 줄여 '그렇잖다(그렇지 않다)'로 적으면 된답니다.

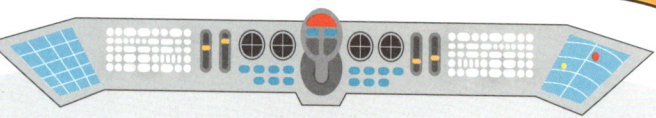

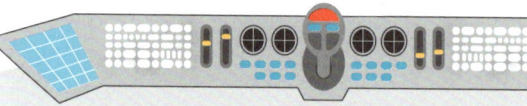

'맞히다[마치다]'는 문제에 대한 답이 맞거나 침, 주사 따위로 치료를 받는다는 뜻이에요. 발음이 같은 '마치다[마치다]'는 어떤 일이나 과정이 끝나다라는 뜻이지요. 문장에서 어떤 뜻으로 쓰였느냐를 보고 제대로 사용해요.

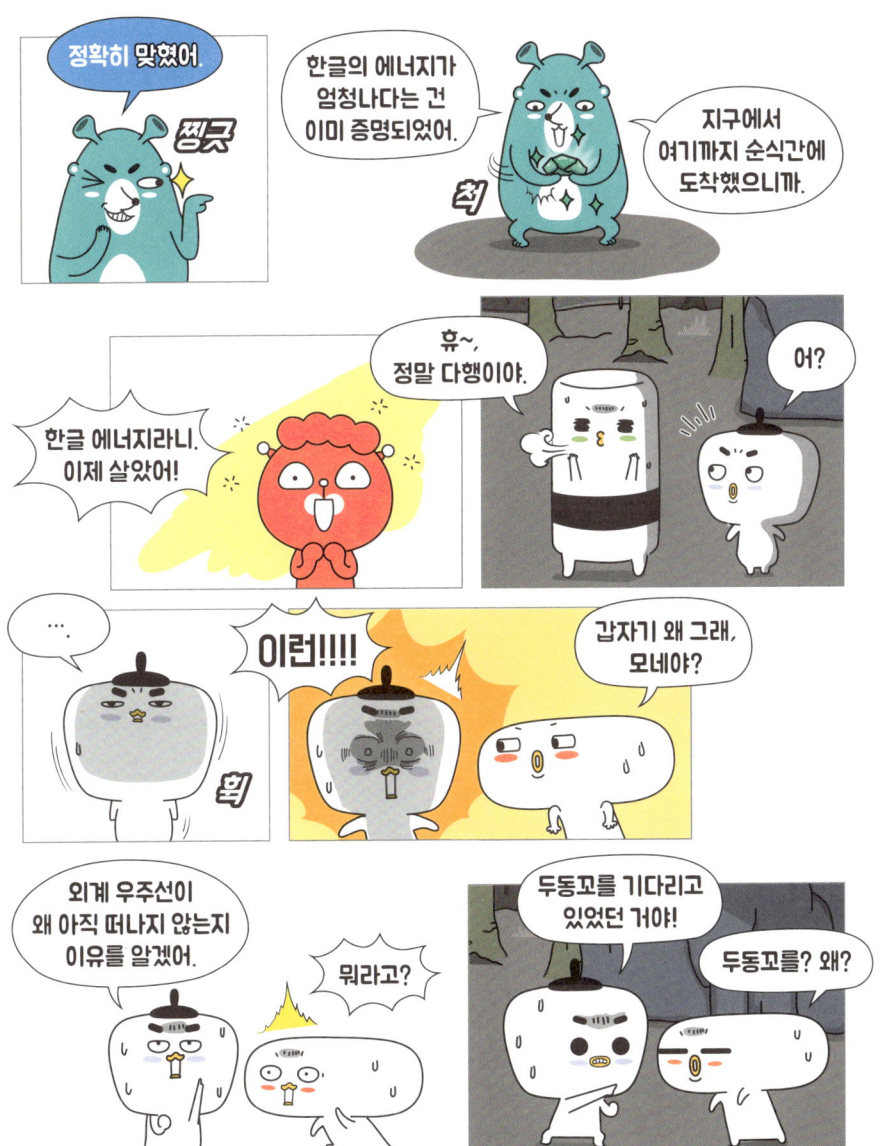

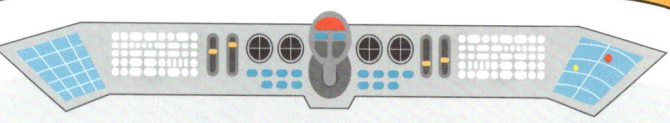

'멋쩍다[먿쩍따]'는 어색하고 쑥스럽다는 뜻으로 자주 사용해요. 일정한 기준에 미치지 못한다는 뜻으로 쓰일 때는 '적다' 그대로 적고, 뜻 없이 [쩍다]로 발음될 때는 '쩍다'로 적으면 되지요.

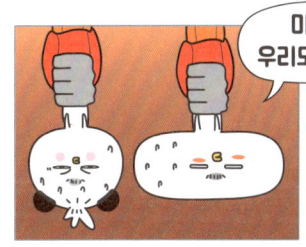

비밀 침투 작전

목걸이 VS 목거리

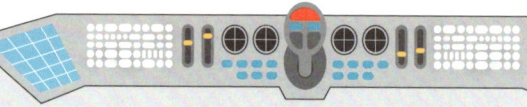

'목걸이[목꺼리]'는 목에 거는 장신구를 말하고, '목거리[목꺼리]'는 목이 붓고 아픈 병을 말해요. 어버이날 엄마께 예쁜 목걸이를 선물해야지, 아픈 목거리를 선물하면 안 되겠지요?

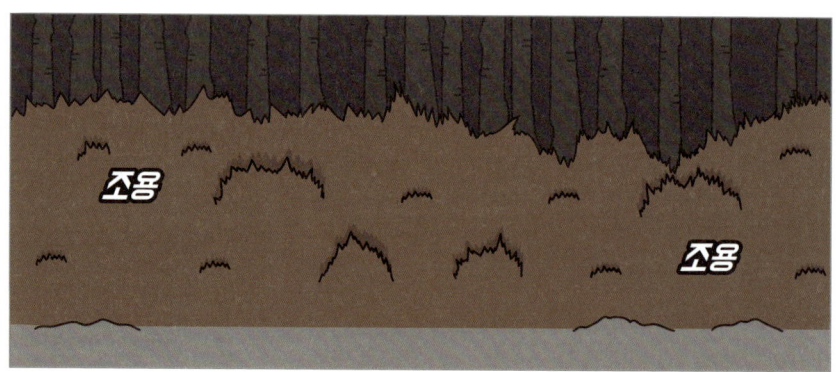

못 하다 VS 못하다

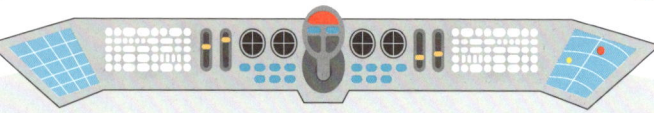

'못하다[모:타다]'는 일정한 수준에 미치지 못하거나 그 일을 할 능력이 없다는 뜻이고, '못[몯:] 하다[하다]'는 못 놀다, 못 자다처럼 할 수 없다는 부정의 뜻이 담긴 '못'이 붙은 말이에요. 띄어쓰기 하나로 전혀 다른 뜻이 되지요.

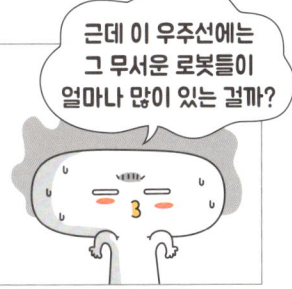

032

무엇을 VS 뭣을/무얼/뭘

'무엇을'은 '뭣을, 무얼, 뭘'로 줄여서 쓸 수 있어요. 사투리처럼 어색해 보이는 말도 있지만 모두 맞는 말이랍니다. '나는-난, 너를-널, 그것으로-그걸로, 무엇이-뭣이'라고 줄여서 쓴답니다.

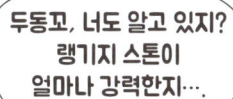

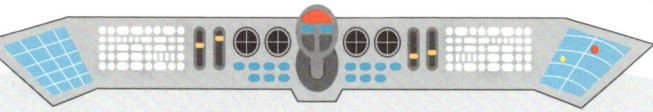

'뭉뚱그리다'는 되는대로 대강 뭉쳐 싸다, 여러 사실을 하나로 포괄하다라는 두 가지 뜻을 가지고 있어요. 이 말은 [뭉뚱그리다] 발음 그대로 적으면 된답니다.

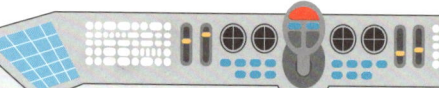

'밋밋하다[민미타다]'는 생김새가 미끈하게 곧고 길다는 뜻도 있지만, 두드러진 특징이 없이 평범하다는 뜻으로 더 많이 쓰여요. 말할 때는 전혀 헷갈리지 않는 말이지만, 막상 글로 쓰려면 헷갈리는 말이에요. '밋밋'은 같은 글자가 반복된다는 걸 기억해 둬요.

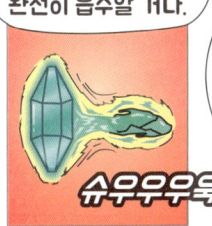

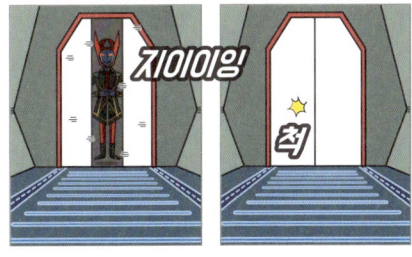

반듯이 VS 반드시

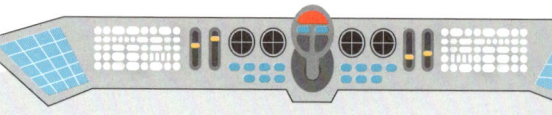

'반듯이[반드시]'는 비뚤어지거나 기울지 아니하고 바르게라는 뜻으로, '반드시[반드시]'는 틀림없이 꼭이라는 뜻으로 쓰여요. 두 말이 헷갈릴 때는 '반듯하다'를 떠올려 봐요. 그럼 반듯이라고 할지, 반드시라고 할지 쉽게 구분할 수 있을 거예요.

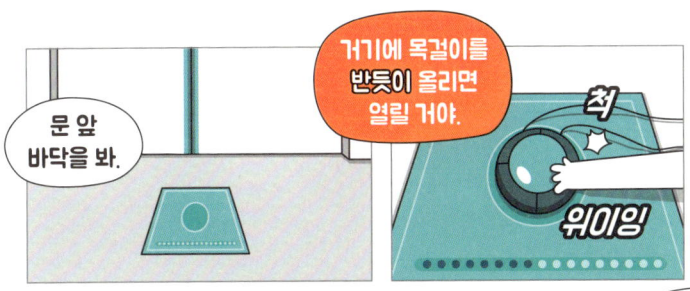

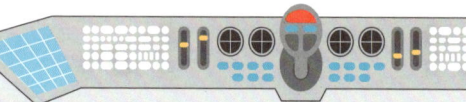

'반짇고리[반짇꼬리]'는 바늘, 실, 골무, 헝겊 따위의 바느질 도구를 담는 그릇을 말해요. 요즘은 집에서 바느질을 하지 않고 세탁소에 맡기는 경우가 많아 처음 들어 보는 친구들도 있을 거예요. 생활용품이니 이번 기회에 알아 두면 좋겠죠!

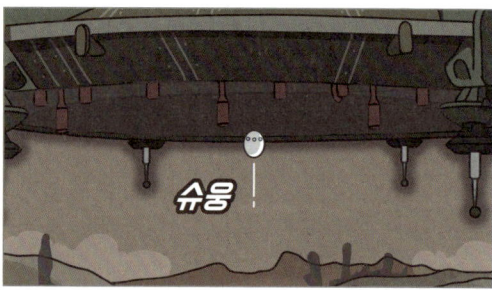

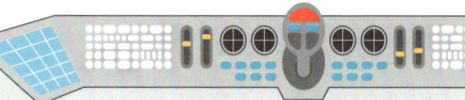

'받치다'는 우산이나 양산을 펴 들다라는 뜻을, '바치다'는 신이나 웃어른에게 정중하게 드리다라는 뜻을 가진 말이에요. 그래서 '우산을 받치다'와 '우산을 바치다'는 전혀 다른 말이 되지요. 뜻을 알면 단어가 쉬워져요.

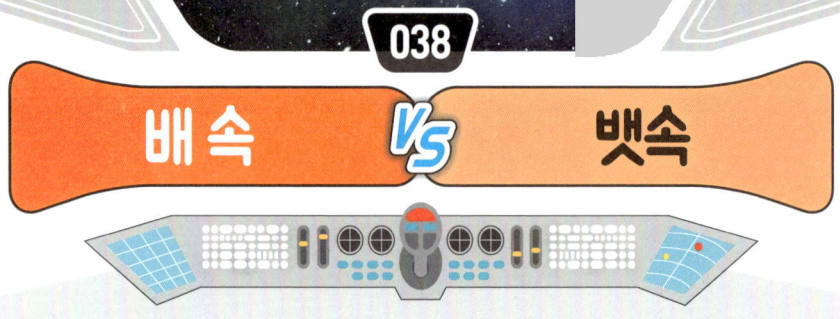

038
배 속 VS 뱃속

'뱃속[배쏙]'은 사람의 마음을 속되게 이르는 말로 사용되기 때문에, 사람의 배 안쪽을 말할 때는 '배 속'이라고 써야 해요. 하지만 마음속, 숲속, 바닷속, 머릿속 등은 '뱃속'처럼 한 단어랍니다.

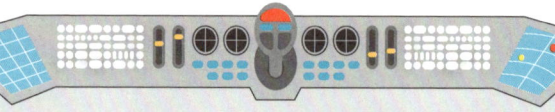

'백분율[백뿐뉼]'은 전체 수량을 100으로 하여 그것에 대해 가지는 비율을 뜻해요. '율, 률'을 구분할 때는 앞 글자가 '모음이나 ㄴ받침'이면 '율'로 적고, 나머지는 '률'로 적으면 된답니다.

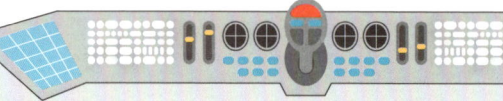

'번쩍'과 '반짝'은 발음할 때 느껴지는 느낌을 생각하면 쉽게 구분해서 쓸 수 있어요. 빛의 크기를 기준으로 큰 빛은 '번쩍', 작은 빛은 '반짝'으로 표현하면 돼요. 하지만 꼭 그래야 한다고 정해진 것이 아니니 잘 어울리는 표현으로 쓰면 된답니다.

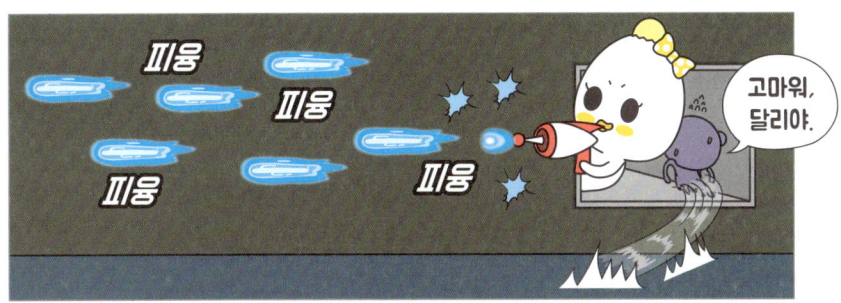

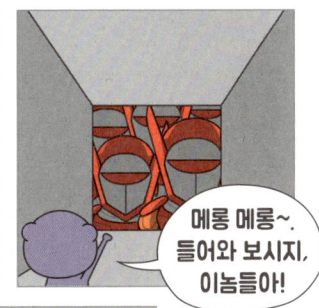

부딪히다 VS 부딪치다

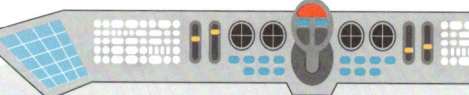

무엇과 무엇이 힘 있게 마주 닿다라는 같은 뜻을 가진 '부딪히다'는 다른 사람이나 사물이 나에게 와서 닿은 것이고, '부딪치다'는 내가 남에게 가거나 둘이 같이 움직여 닿았을 때 사용해요. 예상치 못한 일이나 상황 따위에 놓이게 될 때도 '부딪히다'를 써요.

부리나케 VS 불이나케

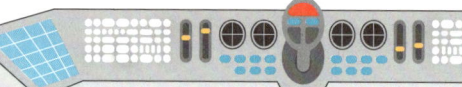

'부리나케'는 서둘러서 아주 급하게라는 말로 급박한 상황에서 몸을 날래게 움직이는 모습을 표현하는 말이에요. '불이 나게'에서 온 말이지만 그 의미가 멀어져 '부리나케' 라고 쓴답니다. 친구들이 기다리는 운동장으로 부리나케 나가 볼까요.

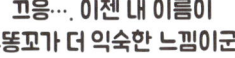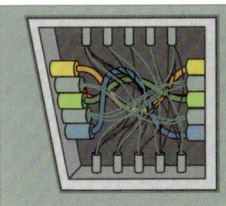

043 빨간색 VS 빨강색

빨간 빛깔을 말할 때는 '빨강' 또는 '빨간색'이라고 쓰고, 붉은색 색종이를 표현할 때는 빨강 색종이 또는 빨간 색종이로 모두 쓸 수 있어요. 빨간색이 굳어져 한 단어로 정해졌기 때문에 빨강색은 잘못된 표현이 된 거예요.

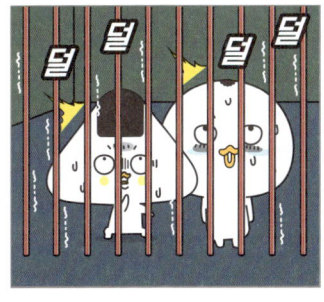

살코기 VS 살고기

'살코기'는 순살로만 된 고기를 말해요. 살로만 이루어진 고기라 살고기라고 쓸 것 같지만, 소리 나는 대로 [살코기]라고 쓰는 것이 바르답니다. 오늘은 살코기로 만든 부드러운 치킨 텐더가 간식이에요. 정말 맛있겠죠?

하하하! 어떠냐? 나의 정확한 판단력이.

아무리 생각해도 그냥 찍은 것 같단 말이지?

빨리 나가자. 랭기지 스톤에 한글이 모두 흡수되기 전에 빼앗아야 해!

휴~, 정말 큰일 날 뻔했네.

잠깐! 그 전에 들를 곳이 있어!

어딜?

너희들의 허기진 전투 본능을 일깨울 곳이지.

앗! 허기진? 내가 배고픈 걸 어떻게 알았어? 고기 먹자, 부드러운 살코기로.

꼬르륵

새삼스레 VS 세삼스레

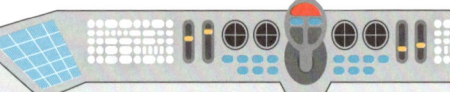

'새삼스레'는 이전의 느낌이나 감정이 다시금 새롭게라는 말이에요. '새삼'이라고 써야 할지, '세삼'이라고 써야 할지 헷갈릴 때는 '새롭게'라는 단어를 떠올려 보세요. '아하! 새삼스레' 헷갈리지 않고 바로 떠오르겠죠?

episode 5
오바론, 반격이다

'새침데기[새침떼기]'는 새침한 성격을 지닌 사람을 말해요. 여기서 '-데기'는 그와 관련된 일을 하거나 그런 성질을 가진 사람을 뜻하는 말이에요. 그래서 [새침떼기]라고 발음되지만 그 뜻에 맞춰 원래 모양대로 적어야 해요.

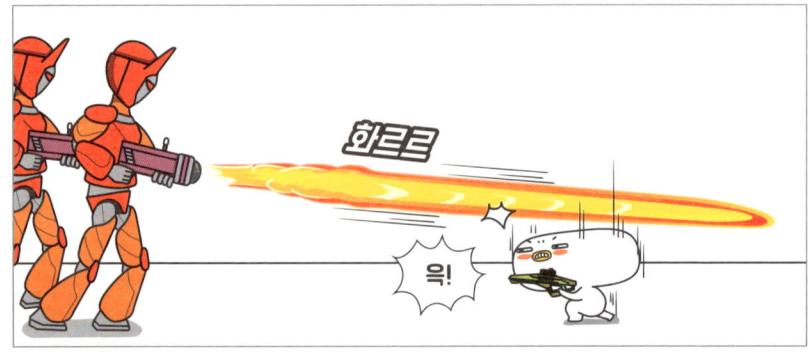

생각건대 vs 생각컨대

'생각건대'는 생각하건대가 줄어든 말이에요. 이때 '하'가 줄어 '건'을 만나 '컨'이라고 쓸 것 같지만, '하' 앞 글자의 소리가 'ㄱ, ㄷ, ㅂ'으로 나면 '건대'라고 그대로 써야 하지요. '넉넉하지-넉넉지, 섭섭하지-섭섭지'처럼요.

섣부르다  설부르다

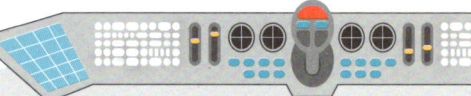

'섣부르다[섣ː뿌르다]'는 솜씨가 익숙하지 못하고 어설프다는 말이에요. 익숙하지 못하다는 '설다'의 뜻을 가져 '설부르다'라고 써야 할 것 같지만, '섣부르다'라고 써야 하지요. 섣불리 정답을 확신하면 안 된답니다.

'송곳니[송ː곤니]'는 앞니와 어금니 사이에 있는 뾰족한 이예요. 입 안에 있는 '이'와 더해진 말 중 '니' 또는 '리'로 소리 날 때는 '이'가 아니라 '니'라고 적어요. 덧니, 사랑니, 어금니, 톱니. '니'라고 적어야 하는 말이 참 많네요.

050
수탉 VS 수닭

닭의 수컷은 '수탉[수탁]'이라고 쓰고, 다른 동물의 수컷은 수캉아지, 수평아리, 수꿩이라고 해요. 또, 고양이는 수고양이, 소는 수소라고 그대로 적어요.

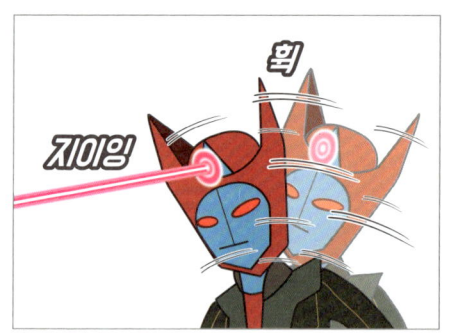

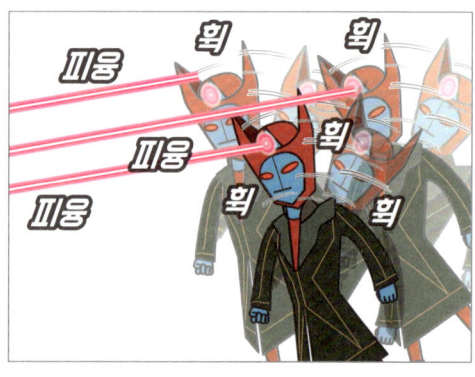

051 쑥스럽다 VS 쑥쓰럽다

'쑥스럽다'는 하는 짓이나 모양이 자연스럽지 못하여 우습고 싱거운 데가 있다는 말이에요. [쑥쓰럽따]로 세게 발음돼 '쑥쓰럽다'로 쓰기 쉽지만 바른 표현은 '쑥스럽다'라는 걸 기억해요.

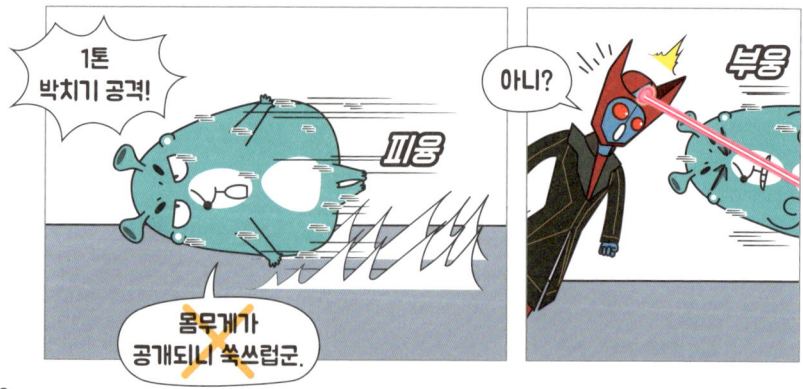

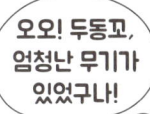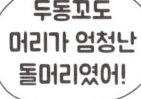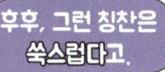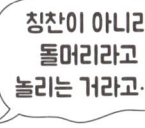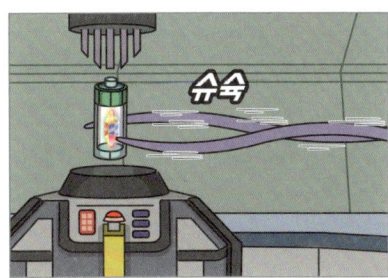

씁쓸하다 vs 씁슬하다

'씁쓸하다'는 달갑지 아니하여 조금 싫거나 언짢다는 말이에요. 'ㅆ'이 반복된다는 걸 기억해요. 친구들과 기분 좋게 놀다가 헤어지기 전 친구 사이에 다툼이 생겼을 때 이런 기분일 거예요. 서로 배려하면 이런 일은 없겠죠.

승낙 vs 승락

'승낙'은 청하는 것을 들어준다는 말이에요. 비슷한 말로 허락과 바꾸어 쓸 수 있지요. 자꾸 헷갈리는 말이 있을 때는 영어 단어를 외우는 것처럼 우리말도 자주 보고 익히는 노력이 필요하답니다.

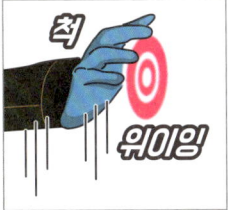

054 아니요 vs 아니오

'아니요'는 윗사람이 묻는 말에 부정하여 대답할 때 쓰는 말이고, '아니오'는 '아니+오' 형태로 '내 것이 아니오'처럼 문장을 끝내는 말이에요. 대답할 때는 '예' 또는 '아니요' 하고 크게 대답해요.

055

안 되다 VS 안되다

부정이나 반대의 뜻을 나타낼 때는 '안(아니)'을 넣어 띄어 써야 해요. 하지만 섭섭하거나 가엾어 마음이 언짢다. 또는 훌륭하게 되지 않거나 좋게 이루어지지 않는다는 뜻으로 사용할 때는 '안되다'라고 붙여 써야 하지요.

앉히다 VS 안치다

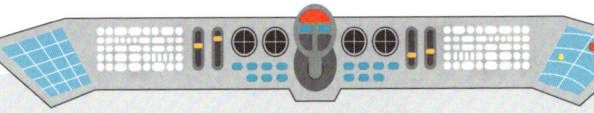

'앉히다[안치다]'는 내가 아닌 다른 사람이나 동물을 앉게 한다는 뜻이고, '안치다[안치다]'는 찌개나 국 등을 냄비에 담아 불에 올린다는 뜻이에요. 발음이 같아 헷갈릴 수 있지만, 그 속에 담긴 의미를 생각하면 맞춤법이 어렵지 않아요.

057 안팎 VS 안밖

'안팎[안팍]'은 사물이나 영역의 안과 밖을 말해요. '집 안팎'처럼 안과 밖이라는 의미로도 쓰이지만, '30명 안팎'처럼 어떤 기준에 모자라거나 넘치는 정도를 나타내기도 해요.

랭기지 스톤의 합체

아름아름 VS 알음알음

'아름아름[아르마름]'은 말이나 행동을 분명히 하지 못하고 우물쭈물하는 모양을 뜻해요. '알음알음[아르마름]'은 서로 아는 관계를 뜻하는 말로, '내 단골 맛집이 알음알음으로 유명해져서 지금은 줄을 서야 먹을 수 있다'처럼 사용해요.

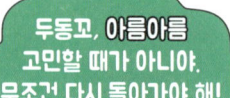
두둥꼬, 아름아름 고민할 때가 아니야. 무조건 다시 돌아가야 해!

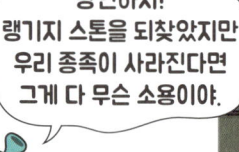
당연하지! 랭기지 스톤을 되찾았지만 우리 종족이 사라진다면 그게 다 무슨 소용이야.

절대 도망치지 않을 거야. 오바론을 물리치고 모두를 구하자!

응! 그 전에…

삑 / 휙

059 얇다 VS 얄다

'얇다[얄:따]'는 두께가 두껍지 아니하다는 뜻으로, 반대말은 '두껍다'예요. 받침은 겹받침으로 'ㄼ'으로 써야 해요. 그냥 '얄다'라고 쓰면 한글에 없는 말이 된답니다.

060
어제저녁 VS 엊저녁

어제의 저녁이라는 의미로 쓸 때는 '어제저녁' 또는 줄임말 '엊저녁'이라고 쓰면 돼요. 하지만 '엊그제(엊그저께)'는 어제와 상관없이 바로 며칠 전이라는 뜻이에요.

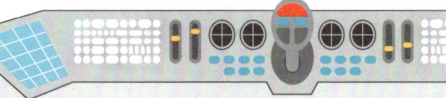

언덕의 꼭대기 또는 언덕의 몹시 비탈진 곳을 의미하는 '언덕배기'는 [언덕빼기]로 발음해요. 하지만 글로 쓸 때는 '언덕배기'라고 적어야 하지요. '우리 집은 언덕배기에 있어서 매일 오가다 보면 다리가 튼튼해진다' 이렇게요.

062

언짢다 VS 언잖다

'언잖다'는 마음에 들지 않거나 좋지 않다는 뜻의 '언짢다[언짠타]'를 잘못 쓴 말이에요. '못마땅하다, 거북하다'와 바꿔 쓸 수 있지요. 단짝 친구가 아파서 결석을 하여 마음이 좋지 않을 때 '마음이 언짢다'라고 쓰면 돼요.

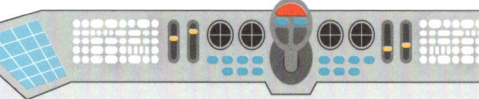

'업신여기다[업:씬녀기다]'는 교만한 마음에서 남을 낮추어 보거나 하찮게 여긴다는 뜻으로, '없이여기다'에서 온 것 같지만 그 어원이 정확하지 않아 원래 모양을 밝혀 쓰지 않아요. 다른 사람을 업신여기는 행동은 무례한 일이에요.

연도 VS 년도

'연도(연)'와 '년도(년)'는 같은 말이라고 생각할 거예요. 하지만 '년도(년)'는 2023년도처럼 다른 말에 붙여 사용하고, '연도'는 생산 연도, 졸업 연도처럼 단독으로 사용된답니다.

오뉴월 vs 오유월

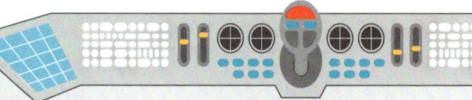 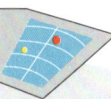

'오뉴월[오:뉴월]'은 5월과 6월 또는 음력 5월과 6월이라는 뜻으로, 여름 한철을 이르는 말이에요. '오뉴월'이 널리 쓰여 소리 나는 대로 그대로 적어요. 5월과 6월을 뜻하기 보다 여름 한철을 빗대어 표현하는 말로 자주 쓰여요.

066 오뚝이 vs 오뚜기

'오뚝이[오뚜기]'는 밑을 무겁게 하여 아무렇게나 굴려도 오뚝오뚝 일어서는 어린아이들의 장난감을 말해요. 친구들도 아기였을 때 많이 가지고 놀았을 거예요. '오뚜기'라는 회사가 있어 더 헷갈리는 말이에요.

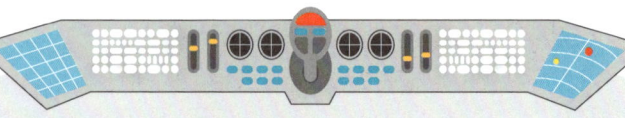

'-오'는 문장을 끝내는 말로 삭제되면 문장을 완성할 수 없어요. 읽을 때 '요'로 발음이 되더라도 '-오'라고 적어야 하지요. '여기는 내 방이오, 저것은 내 가방이오'처럼 사용해요.

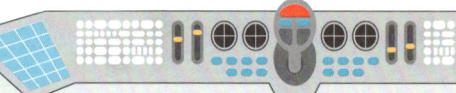

글을 쓰거나 말을 하다 보면 '웃-'과 '윗-'이 참 헷갈리는 말 중 하나예요. 둘을 구분할 때는 '위, 아래'가 '윗도리-아랫도리'처럼 대립될 때는 '윗-'을 붙이고, '윗어른-아랫어른'처럼 없는 말이 될 때는 '웃-'을 붙여요.

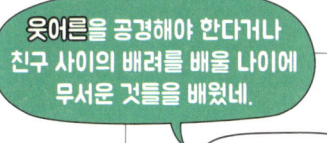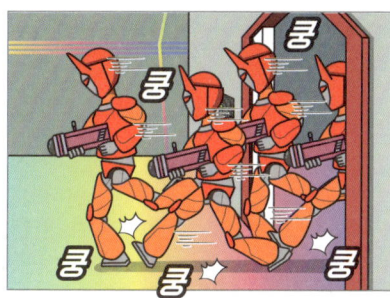

이에요(예요) VS 이예요

'-이에요'는 '나는 학생이에요'처럼 받침이 있는 말 뒤에 붙고, '-예요'는 '내 이름은 희재예요'처럼 받침이 없는 말 뒤에 붙여요. 만약 '내 이름은 서영이예요'와 같은 경우 '서영이'를 한 단어로 보고 '-예요'를 붙이면 된답니다.

앞에서 문장 끝에 오는 '-오'는 [요]로 소리가 나더라도 원래 모양인 '-오'로 적어야 한다고 했어요. 하지만 '이것은 내 책이요, 저것은 내 연필이다'처럼 문장과 문장을 연결해 주는 '-이요'는 '-이고'와 같은 의미로 쓰이며 '-이요'라고 적어야 해요.

episode 7
외계 우주선을 탈출하라

071 접대 VS 접때

'접대[접때]'는 손님을 맞아서 시중을 든다는 뜻으로, '접대를 받다'처럼 사용해요. 반면 '접때[접:때]'는 오래지 아니한 과거의 어느 때를 이르는 말로 '접때 우리 진짜 재미있었어'처럼 어느 시간을 의미하는 말이랍니다.

젓갈 vs 젖갈

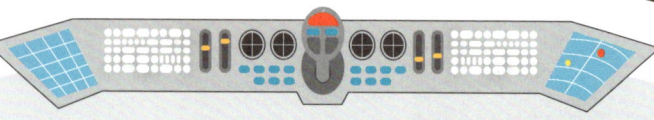

'젓갈[전깔]'은 생선 등을 소금에 짜게 절이어 삭힌 '젓'으로 만든 음식을 말해요. 그런데 '젓'을 '젖'으로 잘못 쓰면 아기가 먹는 젖으로 만든 음식으로 그 의미가 완전히 달라지지요. 또, '젓갈'은 젓가락의 줄임말이기도 하답니다.

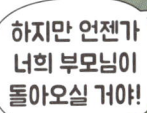

'졌다'는 '지다'에서 온 말로 재주나 힘을 겨루어 상대에게 꺾이다는 뜻이고, '젓다'는 액체나 가루 따위가 잘 섞이도록 이리저리 돌린다는 뜻과 함께 '노를 젓다', '고개를 젓다'처럼 다양한 의미로 사용돼요.

마지막으로 기회를 주려 했는데, 이렇게 망치다니.

크윽.

넌 그 버튼에서 손을 뗀 순간 나를 배신한 것이다!

랭기지 스톤과 합체된 후 너 없이도 난 모든 걸 조종할 수 있게 되었지.

그저 오랜 시간 함께하며, 랭기지 스톤까지 가져다준 너의 진심을 확인하고 싶었는데….

졸이다 VS 조리다

'졸이다[조리다]'는 속을 태우며 초조해하다, 찌개 등을 끓여 국물을 적게 한다는 뜻으로 쓰이고, '조리다'는 양념한 고기나 생선을 국물에 넣고 바짝 끓여서 양념이 배어들게 한다는 뜻이에요. 오늘 저녁에 맛있게 조려진 생선을 먹고 싶어요.

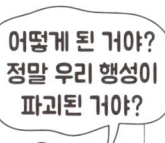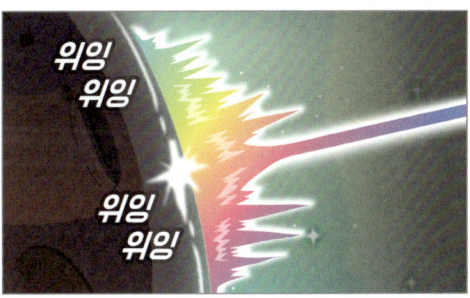

주의 VS 주위

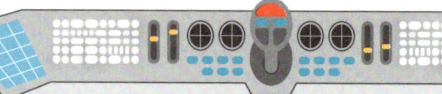

'주위'와 '주의'를 헷갈릴 때가 간혹 있어요. '주위'는 어떤 장소의 바깥 둘레 혹은 둘러싸고 있는 것을 말해요. 하지만 '주의'는 '자유주의'처럼 굳게 지키는 주장이나 방침이라는 뜻과 함께 '주의 사항'처럼 마음에 새겨 두고 조심한다는 뜻으로 많이 쓰여요.

지그시 vs 지긋이

'지그시'와 '지긋이'는 [지그시]로 발음이 같아요. 하지만 그 뜻은 전혀 달라서 '지그시'는 슬며시 힘을 주는 모양을 나타내고, '지긋이'는 나이가 꽤 많아 듬직하다는 뜻과 참을성 있게 끈기가 있다는 뜻으로 쓰여요.

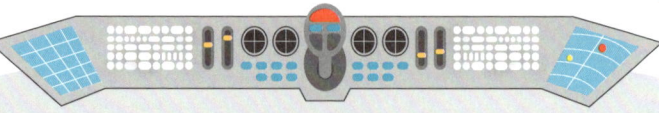

077 짓이기다 VS 진니기다

'짓이기다[진니기다]'는 함부로 마구 짓찧어 다진다는 뜻으로, '뭉개다, 으깨다'로 바꿔 쓸 수 있어요. 여기서 '짓–'은 마구, 함부로, 몹시라는 뜻을 가지고 있다는 것을 알면 어떻게 써야 할지 쉽게 기억할 수 있을 거예요.

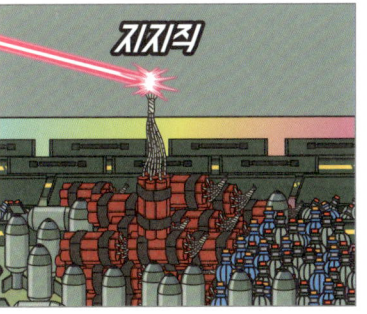

078

켕기다 vs 캥기다

'켕기다'는 마음속으로 겁이 나고 탈이 날까 불안해한다는 뜻으로, 어떤 이유로 마음이 불편할 때 사용해요. 친구와 놀다가 학원에 가지 못하면 혹시나 엄마가 아실까 마음이 켕기고 자꾸 엄마 눈치를 보게 되지요.

오바론, 너도 얼른 나와! 곧 터질 거야.

너희들 먼저 가! 난 아직 할 일이 남았어!

할 일이라니? 괜히 마음이 캥겨서 그러는 거면….

모네 말이 맞아.

맞춤법 행성을 공격하려 했다는 게 마음에 켕겨서 지금은 함께 갈 수 없어.

저기가 통로야. 바로 지하 착륙장으로 연결돼!

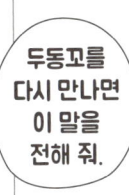

'코빼기'는 '코+빼기'로 '-빼기'를 붙이면 낮춰 부르는 말이 돼요. 도무지 얼굴을 볼 수 없는 친구에게 '요즘 코빼기도 못 보겠다'처럼 사용하면 된답니다.

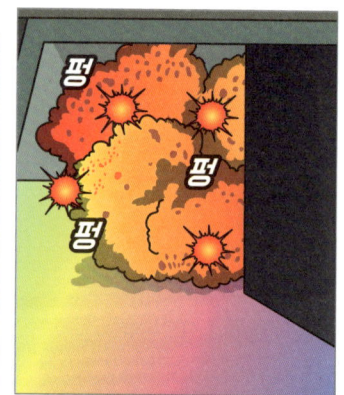

틈틈이 VS 틈틈히

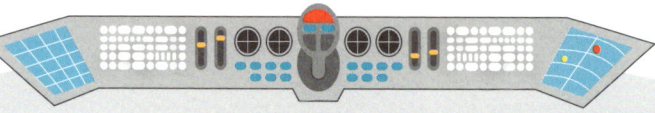

'-이'와 '-히'를 구분할 때는 소리 내서 읽어 보기가 첫 번째 방법이었어요. 틈틈이[틈트미]는 '이'로 소리가 나 '이'로 적으면 되지요. 깨끗이, 반듯이, 일일이, 번번이, 많이 등도 '이'로 소리가 난답니다.

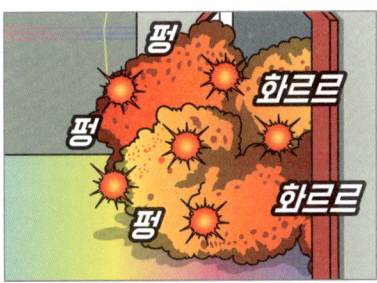

episode 8
되찾은 평화

081
하느라고 vs 하노라고

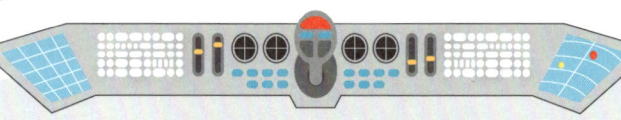

'-노라고'는 스스로 꽤 노력했음을 나타내는 말로 '시험공부를 하노라고 했는데 결과가 좋지 않았다'처럼 사용해요. '-느라고'는 앞의 내용이 뒷 내용의 목적이나 원인임을 나타내는 말로 '책을 읽느라고 날을 꼬박 새웠다'처럼 사용하지요.

082 할퀴다 VS 할키다

'할퀴다'는 손톱이나 날카로운 물건으로 긁어 상처를 낸다는 뜻이에요. 발음을 [할키다]로 잘못하면 맞춤법까지 헷갈릴 수 있어요. '할키다'는 없는 말이에요. '동생이 내 얼굴을 할퀴었다'라고 써야 바르답니다.

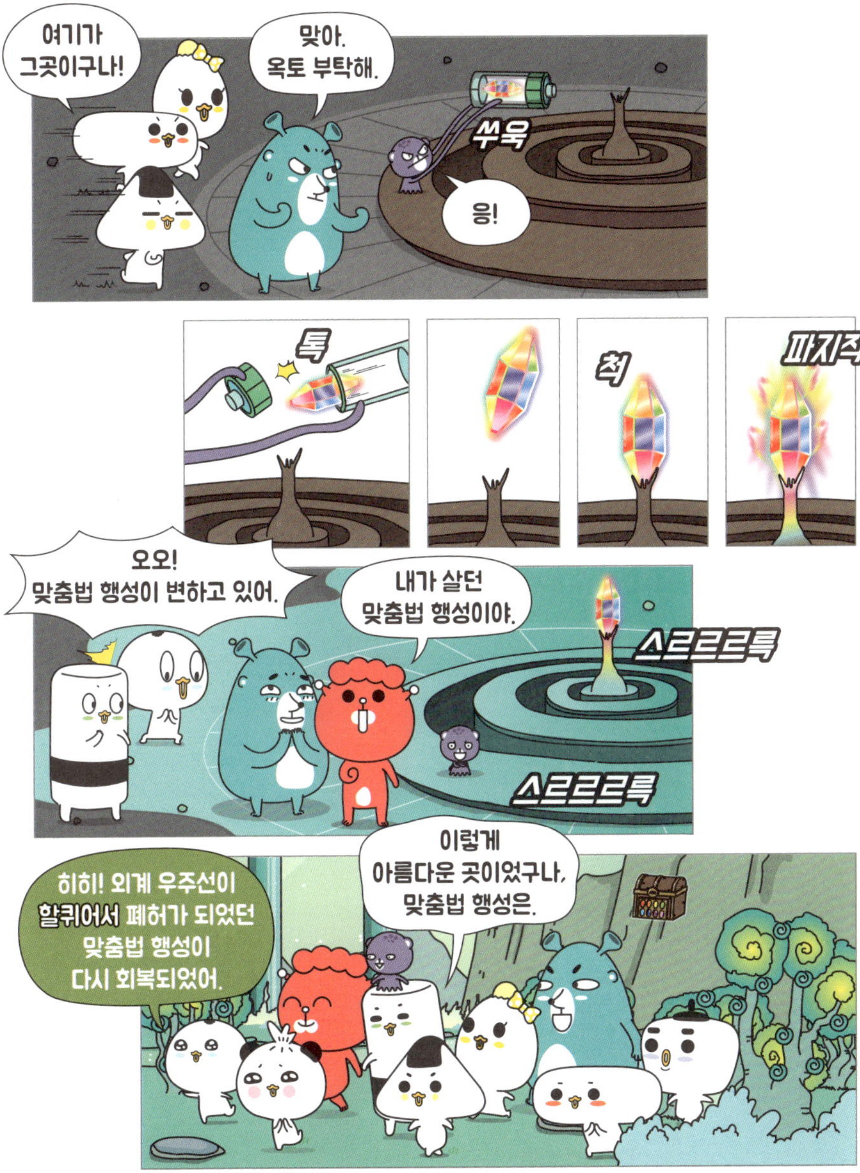

083 할걸(게) VS 할껄(께)

의문을 나타내는 '-ㄹ까?, -ㄹ꼬?, -ㄹ쏘냐?'는 '까, 꼬, 쏘'로 적어야 하고, '-ㄹ거나, -ㄹ걸, -ㄹ게' 등은 발음할 때 '껄, 께, 꺼'로 강하게 소리가 나더라도 그대로 적어 문장을 완성해요.

다시 평화가 왔으니, 난 이만 가 보도록 할게.

응! 잘 가! 고마워, 마법 상자.

다음에 또 보자.

슈웅

자~, 그럼 우리도 지구로 돌아가 볼까!

아쉬워.

우주선에 타. 우리가 데려다줄게.

너희가 직접?

해돋이 vs 해도지

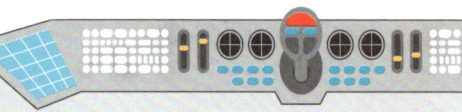

'해돋이'는 해+돋이가 합쳐진 말로 [해도지]라고 발음해요. 여기서 '돋이'는 해나 달 따위가 하늘에 솟아오른다는 뜻으로 그 의미를 알 수 있도록 원래 모양을 살려서 적어야 하지요.

'햇수[해쑤]'는 해+수[數(셀 수)]처럼 순우리말과 한자가 합쳐진 말이에요. 이때 '수'가 [쑤]로 발음돼 사이시옷을 넣어서 햇수라고 적어야 하는 거예요. '아랫방, 샛강, 귓병' 등도 같은 이유로 사이시옷을 넣지요.

086
확률 vs 확율

앞에서 '율과 률'을 구분할 때는 앞말의 받침에 따라 달라진다고 했어요. 무엇이었는지 기억이 나나요? 맞아요, '받침이 없거나 ㄴ받침' 뒤에서는 '율'이라고 적어야 해요. 혹시 깜빡 잊었다면 다시 기억해 두면 좋겠어요.

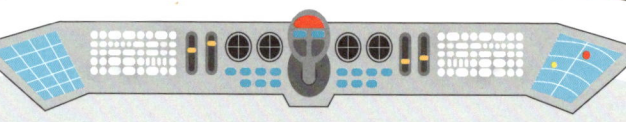

순우리말인 '회+집'이 합쳐진 '횟집[회:찝]'도 앞에서 이야기한 '순우리말+한자'처럼 뒷말이 강하게 소리 나면 앞말에 사이시옷을 넣어 적어야 해요. '나룻배, 나뭇가지, 바닷가, 헛바늘' 등도 같은 이유로 사이시옷을 넣지요.

episode 9
다시 만난 친구들

088

7월 25일 vs 7. 25.

학교 교문에 걸린 플래카드에 날짜를 월과 일로 적은 것도 있고, 어떤 것은 마침표로 월과 일을 대신한 것도 본 적이 있을 거예요. 두 가지 모두 맞게 표시한 거예요. 하지만 '5. 5일'처럼 두 가지 표현을 섞어서 쓸 수는 없답니다.

몇 달 후

우다다다

얘들아, 빨리 와!

같이 가!

찹이가 원래 저렇게 빨랐었나?

아이참! 어제 뉴스를 보고도 그렇게 천천히 올 거야?

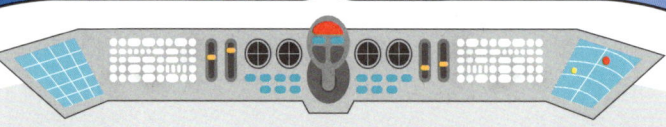

'3.1 운동, 6.25, 4.19 혁명'처럼 특정한 의미가 있는 날을 표시할 때는 '월과 일' 숫자 사이에 마침표(.)를 넣어 쓰는 것이 원칙이에요. 하지만 가운뎃점(·)을 넣어서 적어도 틀린 것은 아니랍니다.

100:0 VS 100 대 0

두 팀이 축구 경기를 할 때면 공을 넣을 때마다 점수가 올라가요. 이때 점수 사이에 '대'를 넣어 점수를 구분하지요. '5 대 4 또는 5:4'로 적어요. 한글로 넣을 때는 앞뒤를 띄어 쓰고, 쌍점(:)을 넣을 때는 띄어 쓰지 않아요.

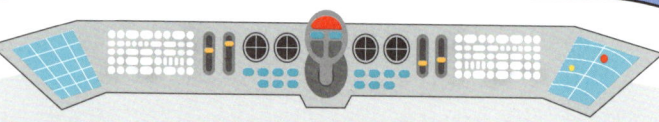

091

느낌표(!) VS 물음표(?)

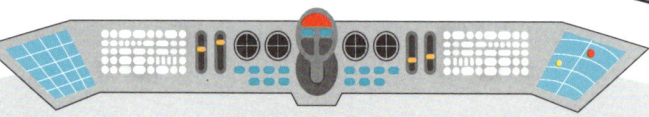

문장을 끝낼 때는 보통 문장 끝에 마침표(.)를 넣어 마무리해요. 하지만 의문을 나타내는 문장에는 물음표(?)를, 감탄을 나타내는 문장에는 느낌표(!)로 마무리해야 하지요. 이 세 부호 중 한 가지만 넣어 문장을 끝내야 해요.

092

큰따옴표(" ") vs 작은따옴표(' ')

큰따옴표(" ")는 대화를 표시하거나 다른 사람의 말이나 글을 인용할 때 사용하고, 작은따옴표(' ')는 큰따옴표 안에서 다른 말을 인용하거나 마음속 말을 적을 때 사용해요. 내가 한 말을 적을 때는 " "로, 생각을 적을 때는 ' '를 넣어서 쓰면 되지요.

그러다 맞춤법 행성인 부부와 우연히 마주쳤지.

그 우주선이 바로….

앗! 오바론 부모님의 우주선이었구나.

맞아.

정말 다행이야.

부모님은 나를 끌어안으며 "너무나 보고 싶었어. 함께 우리 집으로 돌아가자." 라고 말씀하셨어.

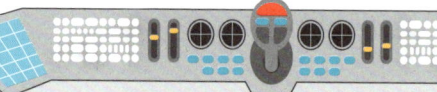

마침표(.)는 문장을 끝낼 때 사용하고, 쉼표(,)는 단어, 말의 마디나 구절을 구분하여 줄 때 사용해요. '사과, 배, 감……'처럼 쉼표로 나누고 줄임표(……) 앞에는 쉼표를 쓰지 않아요.

094
줄임표(……) vs 줄임표(…)

할 말을 줄이거나 생략할 때 사용되는 줄임표는 ……, … 모두 사용할 수 있어요. 한 가지로 통일해서 사용하고, 줄임표 뒤에는 마침표, 물음표, 느낌표 등을 붙여 문장을 마무리해야 하지요.

초판 11쇄 2025년 7월 11일
초판 1쇄 2023년 2월 28일

글·그림 한날

펴낸이 정태선
펴낸곳 파란정원
출판등록 제395-2010-000070호
주소 서울특별시 은평구 가좌로 175, 5층
전화 02-6925-1628 | **팩스** 02-723-1629
제조국 대한민국 | **사용연령** 8세 이상 어린이
홈페이지 www.bluegarden.kr | **전자우편** eatingbooks@naver.com
종이 다올페이퍼 | **인쇄** 조일문화인쇄사 | **제본** 경문제책사

글·그림ⓒ2023 한날
ISBN 979-11-5868-253-8 73710

*이 책에 사용된 낱말의 뜻과 발음은 국립국어원 표준국어대사전을 기초로 하였습니다.

이 책은 저작권법에 따라 보호받는 저작물이므로 무단 전재와 무단 복제를 금지하며,
이 책 내용의 전부 또는 일부를 이용하려면 반드시 저작권자와 파란정원(자매사 책먹는아이·새를기다리는숲)의 동의를 얻어야 합니다.
*잘못된 책은 구입하신 서점에서 바꿔 드립니다.